BEI GRIN MACHT SICH IHR WISSEN BEZAHLT

- Wir veröffentlichen Ihre Hausarbeit,
  Bachelor- und Masterarbeit

- Ihr eigenes eBook und Buch -
  weltweit in allen wichtigen Shops

- Verdienen Sie an jedem Verkauf

Jetzt bei www.GRIN.com hochladen und kostenlos publizieren

Karl-Philipp Böckmann, Andreas Witt

Einflussfaktoren und Optimierungsmöglichkeiten von Google-AdSense am Beispiel eines Onlineportals

GRIN Verlag

Bibliografische Information der Deutschen Nationalbibliothek:

Die Deutsche Bibliothek verzeichnet diese Publikation in der Deutschen National-
bibliografie; detaillierte bibliografische Daten sind im Internet über http://dnb.d-
nb.de/ abrufbar.

Impressum:

Copyright © 2011 GRIN Verlag GmbH
Druck und Bindung: Books on Demand GmbH, Norderstedt Germany
ISBN: 978-3-656-48650-3

Dieses Buch bei GRIN:

http://www.grin.com/de/e-book/231774/einflussfaktoren-und-optimierungsmoeg-
lichkeiten-von-google-adsense-am-beispiel

GRIN - Your knowledge has value

Der GRIN Verlag publiziert seit 1998 wissenschaftliche Arbeiten von Studenten, Hochschullehrern und anderen Akademikern als eBook und gedrucktes Buch. Die Verlagswebsite www.grin.com ist die ideale Plattform zur Veröffentlichung von Hausarbeiten, Abschlussarbeiten, wissenschaftlichen Aufsätzen, Dissertationen und Fachbüchern.

Besuchen Sie uns im Internet:

http://www.grin.com/

http://www.facebook.com/grincom

http://www.twitter.com/grin_com

Einflussfaktoren und Optimierungsmöglichkeiten von Google-AdSense am Beispiel eines Onlineportals

Karl-Philipp Böckmann, B.Sc Wi.-Inform.

Dipl. Wi.-Inform. (FH) Andreas Witt

Abstract:

Im Gegensatz zu E-Commerce-Websites wie Onlineshops, stehen Betreibern von Informationsportalen oft nur indirekte Erlösquellen, wie dem Verkauf von Werbeplätzen, zur Verfügung. Neben der direkten Vermarktung von Werbeflächen werden zunehmend Marktplätze wie Google AdWords[1] und Google AdSense[2] genutzt. Vorteil für den Anbieter von Werbeplätzen (Publisher) ist der Zugriff auf ein breites Netzwerk an Werbetreibenden. Gleichzeitig tritt der Publisher die Vermarktung und somit auch die Preisgestaltung seiner Werbeflächen an den Marktplatzbetreiber (z.B. Google) ab. Am Beispiel eines Onlineportals und dem Werbenetzwerk Google AdWords soll ermittelt werden, in wie weit ein Portalbetreiber Einfluss auf die Werbeeinnahmen beim Einsatz von Google AdSense nehmen kann.

Keywords: Google AdSense, Google AdWords, webbasierte Erlösmodelle, SEM

1 Einleitung

Im Gegensatz zu E-Commerce-Websites wie Online Shops, stehen Betreibern von Informationsportalen oft nur indirekte Erlösquellen, wie der Verkauf von Werbeplätzen, zur Verfügung [vgl. S. 221 Wirtz, 2001.]. Dies ist darauf zurückzuführen, dass Inhalte im Internet oft als öffentliches Gut betrachtet werden, weshalb eine geringe Zahlungsbereitschaft[3] für das Bezahlen solcher Inhalte berücksichtigt werden muss. Dies wird auch als „Gratismentalität" bezeichnet [vgl. S. 22 Anderson, 2009.]. Neben der direkten Vermarktung von Werbeplätzen werden zunehmend Marktplätze wie Google AdWords und Google AdSense genutzt. Vorteil für den Anbieter von Werbeplätzen (Publisher) ist der Zugriff auf ein breites Netzwerk an Werbetreibenden (Merchant). Gleichzeitig tritt der Publisher die Vermarktung und somit auch die Preisgestaltung seiner Werbeflächen an den Marktplatzbetreiber (z.B. Google) ab.

Die von Google angebotene Werbung wird zuvor von Werbetreibenden im Anzeigenmarkt Google AdWords gebucht. Dabei entscheidet der Werbetreibende, für welche Suchbegriffe er Anzeigen schalten möchte und Google ermittelt anhand der Suchbegriff-Nachfrage den Preis, d.h. je öfter ein Suchbegriff nachgefragt wird, desto teurer wird dieser für den Werbetreibenden. Daraus resultiert, dass oft nachgefragte Suchbegriffe teurer sind als selten nachgefragte. Im Umkehrschluss sind somit gerade die teuren Suchbegriffe die für Publisher interessanten.

---

[1] Ein von Google betriebener Anzeigenmarkt für die Buchung von suchbegriffsbezogenen Anzeigenschaltungen (auch als Search Engine Marketing (kurz: SEM) bezeichnet) [vgl. S. 18 Aden, 2009.]

[2] Ein von Google angebotener Dienst zur kontextbezogenen Vermarktung und aktionsorientierten Vergütung von Google AdWords Werbeanzeigen

[3] Begründet durch die vernachlässigbar geringen Vervielfältigungs- und Distributionskosten [vgl. S. 221 Wirtz, 2001.]

Um ein ausgewogenes Verhältnis sowohl für Werbetreibende als auch für Publisher herzustellen, bietet Google verschiedene Richtlinien zur Nutzung seiner Dienste an. Hilfestellungen[4] für Google AdSense enthalten unter anderem Angaben zu Positionierung, Anzahl, Format und Auswahl der Anzeigen. Unter Berücksichtigung der Suchbegriff-Vermarktung nach dem Höchstgebots-Prinzip [vgl. Schumann, 2011.] wäre die inhaltliche Ausrichtung der Publisher-Website auf teure und oft nachgefragte Suchbegriffe eine sehr effiziente Form der Optimierung. Da jedoch viele Webseiten nur bestimmte Themengebiete abdecken und sich die Nachfrage nach Suchbegriffen thematisch ändern kann, wird versucht, eine Optimierung (Steigerung) der Einnahmen mit Google AdSense durch Beeinflussung anderer Faktoren zu erzielen.

Maßnahmen können bspw. die gezielte Steigerung des Besucheraufkommens durch Online-Marketing-Kampagnen (z.B. Affiliate-Marketing, Newsletter-Marketing etc.) und Suchmaschinenoptimierung (kurz: SEO) sein [vgl. S. 13-15, Aden, 2009.]. Die vorliegende Untersuchung zielt jedoch darauf ab, das bereits vorhandene Besucheraufkommen effizienter zu nutzen.

2   Untersuchungsschwerpunkte und Methoden

Basierend auf den Google AdSense Richtlinien[5] wird beispielhaft am Portal Free Mac Software[6] untersucht, welchen Einfluss Anzeigen-Positionierung, Anzeigenformat und Anzahl der verfügbaren Anzeigenplätze auf die Umsatzentwicklung haben. Das Software-Download-Portal Free Mac Software für kostenlose Mac OS X Software erwirtschaftete im Jahr 2011 mit Google AdSense ca. 80% des Gesamtumsatzes. Die restlichen Einnahmen wurden durch Sponsored Post[7] und Affiliate Marketing[8] erzielt. Für Google AdSense Anzeigen sind die Anzeigenformate Fullsize Banner (468x80px), Medium Rectangle (300x250px und 250x250px) und Large Rectangle (336x280px) verfügbar. Somit folgt der Portalbetreiber den Google AdSense Empfehlungen, die effektiveren breiten[9] Anzeigenformate einzusetzen. Demnach erscheint eine Anpassung der Anzeigenformate nicht zielführend. Vergleichen wir die Anzeigenpositionen auf Free Mac Software (Abbildung 1 links) mit den Hinweisen zur Anzeigenpositionierung[10] von Google AdSense (Abbildung 1 rechts), zeigt sich, dass die mit der Nummer 2 und 3 gekennzeichneten Anzeigenpositionen zu den „umsatz-

---

4 https://support.google.com/adsense/bin/answer.py?hl=de&answer=1354747&topic=1250106&ctx=topic Abgerufen am 29.11.2011

5 https://support.google.com/adsense/bin/answer.py?hl=de&answer=48182 Abgerufen am 31.12.2011

6 www.free-mac-software.com Abgerufen am 29.11.2011

7 Ein Sponsored Post, auch als Advertorial, Paid Content und bezahlter Blogeintrag bezeichnet, ist ein bezahlter, redaktionell erstellter Beitrag, welcher durch den Zusatz Sponsored Post als Werbung gekennzeichnet wird.

8 Produktwerbung von z.B. Amazon und iTunes, wobei der Portalbetreiber nur beim Kauf Umsatz generiert

9 http://support.google.com/adsense/bin/answer.py?hl=de&answer=17955&ctx=as2&rd=3 Abgerufen am 29.12.2011

10 https://support.google.com/adsense/bin/answer.py?hl=de&answer=1354747&topic=1250106&ctx=topic Abgerufen am 30.12.2011

starken" Positionen zählen. Lediglich Anzeigenposition 1 gehört zu den „schwächsten" Positionen.

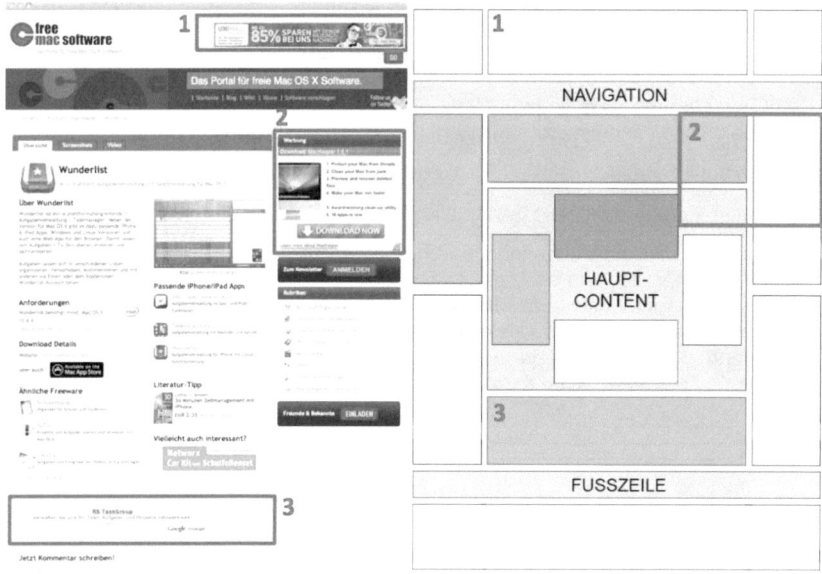

Abbildung 1: Google AdSense Anzeigenpositionen im Vergleich

Eine weitere zu untersuchende Größe ist die Gesamtzahl der für Google AdSense verfügbaren Anzeigenplätze. Laut Google Richtlinie[11] dürfen maximal drei Anzeigenplätze pro Seite mit Google Werbung versehen sein. Im vorliegenden Beispiel sind dies die drei in Abbildung 1 gekennzeichneten Werbeflächen. Besonders interessant erscheint in diesem Kontext, dass Google empfiehlt, alle drei Anzeigenplätze anzubieten. Dem stehen jedoch Erkenntnisse [vgl. Pfabigan, 2008.] entgegen, die davon ausgehen, dass nur einer oder maximal zwei Anzeigenplätze mehr Umsatz generieren. Mit diesem Phänomen beschäftigen wir uns im nächsten Abschnitt genauer.

3 Ergebnisse - Auswertung der Analytics Daten von free-mac-software.com

Um zu überprüfen inwieweit die Reduzierung der für Google AdSense verfügbaren Anzeigenplätze Einfluss auf die Umsatzentwicklung hat, wurde am 07.09.2011 der Werbeplatz im Header (mit der Kennzeichnung 1 in Abbildung 1), für Google AdSense Anzeigen gesperrt. Ziel der Maßnahme war eine Erhöhung des Umsatzes durch Steigerung der Costs per Click (kurz: CPC) zu erreichen. Es wird davon ausgegan-

---

[11]

https://support.google.com/adsense/bin/answer.py?hl=de&answer=1346295&topic=1352236&parent=1271508&rd=1#Google%20ad%20limit%20per%20page Abgerufen am 30.12.2011

gen, dass die Verknappung der Anzeigenplätze zu einer Erhöhung der CPC führt [vgl. Pfabigan, 2008.]. Um die Auswirkung der Maßnahme messen und bewerten zu können, wurden mittels Google Analytics ausgewählte Kennzahlen über verschiedene Zeiträume (siehe Tabellen 1-3) analysiert:

- Umsatz und CPC[12]

- Click Through Rate (kurz: CTR) – gibt dem Betreiber Aufschluss über das Verhältnis von angezeigter Werbung zu angeklickter Werbung

- Eindeutige Besucher[13]

- Seitenaufrufe - misst die Gesamtzahl aller durch die Benutzer aufgerufen Seiten

Die Vergleichszeiträume wurden so ausgewählt, dass ein Vergleich mit Vorjahren und den Wochen vor und nach der Umstellung durchgeführt werden kann. Ziel war es, so die Auswirkungen unabhängig von Kalenderfaktoren oder bereits vorhandenem Wachstum betrachten zu können. Die eben genannten Kennzahlen werden in den folgenden drei Tabellen dargestellt und bewertet:

Zeitraum	Seitenaufrufe	eindeutige Besucher	Umsatz in €[14]	AdSense Anzeigen	CPC in €	CTR
07.09.2009-07.10.2009	627512	103316	305.67	2709	0.12	0,66%
07.09.2010-07.10.2010	778045	130813	411.42	2743	0.15	0,71%
07.09.2011-07.10.2011	594730	145684	510.70	5510	0.09	1,4%

Tabelle 1: Google AdSense Umsatzentwicklungen 2009-2011 free-mac-software.com (Quelle Google Analytics)

Die Tabelle 1 zeigt die Entwicklungen der Kennzahlen innerhalb eines Monats nach der Umstellung sowie die gleiche Zeitspanne in den Vorjahren. Es zeigt sich, dass der Umsatz gewachsen ist, jedoch nicht durch einen gestiegenen CPC, sondern durch eine gestiegene eindeutige Besucherzahl und eine CTR von 1,4%. Dadurch wurden doppelt so viele AdSense Anzeigen abgerufen als in den beiden Vorjahren.

Zeitraum	Seitenaufrufe	eindeutige Besucher	Umsatz in €	AdSense Anzeigen	CPC in €	CTR
27.07.2011-10.08.2011	304805	74101	186.79	2577	0.07	1,05%
10.08.2011-24.08.2011	282889	72125	160.58	2218	0.07	1,02%
24.08.2011-07.09.2011	290440	74246	190.34	2034	0.09	0,89%

---

[12] Der CPC wird von Google-Analytics nicht explizit erfasst und wurde daher mit folgender Formel berechnet: CPC = AdSense Umsatz / Abgerufene AdSense Anzeigen.

[13] Ein Besucher kann als eindeutig identifiziert werden, wenn eine Übereinstimmung in mehreren erfassten Merkmalen (z.B. IP, Cookies, Bildschirmauflösung etc) besteht

[14] Die aus Google-Analytics erhalten Werten wurden mit dem Dollarkurs von 1:0.767 umgerechnet.

Tabelle 2: Google AdSense Umsatzentwicklung Juli – September 2011 free-mac-software.com (Quelle Google Analytics)

Die Tabelle 2 zeigt die Entwicklungen der Kennzahlen, in drei Zeiträume mit einer Dauer von zwei Wochen, vor der Maßnahme. Diese weisen einen konstant niedrigen CPC und eine CTR um ~1% auf. Weder im CPC noch im CRT ist ein Wachstum zu verzeichnen.

Zeitraum	Seitenaufrufe	eindeutige Besucher	Umsatz in €	Adsense Anzeigen	CPC in €	CTR
07.09.2011-21.09.2011	298418	75311	223.23	2537	0.08	1,31%
21.09.2011-05.10.2011	275201	70.466	267.08	2717	0.10	1,46%
05.10.2011-19.10.2011	315763	81288	339.88	3201	0.11	1,51%

Tabelle 3: Google AdSense Umsatzentwicklung September- Oktober 2011 free-mac-software.com (Quelle Google Analytics)

Die Tabelle 3 zeigt drei Zeiträume mit einer Dauer von zwei Wochen, welche direkt nach Umsetzung der Maßnahme beginnen. Es hat sich gezeigt, dass der CPC nicht wie gewünscht durch die Verknappung angestiegen ist. Der Jahresvergleich der ersten Tabelle hat bereits gezeigt, dass dieser Werbeplatz auf den AdSense-Klickpreis keine merkbare Auswirkung hat. Was sich jedoch unbeabsichtigt eingestellt hat, ist ein Anstieg der CTR. Diese ist für den merklichen Umsatzanstieg verantwortlich. Als nächstes wurden Ursachen für den Rückgang der CPC, welcher im Jahresvergleich festgestellt wurde, gesucht. Einer der Gründe ist, dass der Prozentsatz des Umsatzes, welcher von Google an die Anbieter weiter gegeben wird, von 78,5% [vgl. S.21 Comm, 2010.] im Jahr 2010 auf 68% im Jahr 2011[vgl. S.86 Comm, 2011.] gesunken ist. Damit lässt sich ein Teil der gesunkenen CPC erklären. An diesem Punkt betrachten wir die Werbefläche, welche die Maßnahme betrifft, genauer. Es handelt sich um eine Headerwerbung im Bannerformat 468x60px. Diese wird an dieser Stelle auch von Google empfohlen[15]. Joel Comm erwähnt [vgl. S.29 Comm, 2010.], dass die Werbung im Header eine geringere CTR aufweist. Das Banner im Header auf Free Mac Software erzielte im Monat vor der Umstellung ca. 15% vom Google AdSense Gesamtumsatz. Für unsere Analyse bedeutet das, dass eine Fläche abgeschaltet wurde, welche nicht maßgeblich am Umsatz beteiligt war. In diesem Zusammenhang ist folgende Vermutung aufzustellen. Google stellt zuerst die Anzeigen bereit, welche vom Inhalt am besten passen und die beste Umsatzerwartung haben. Da in dem Portal eine Werbefläche nicht mehr beliefert werden kann, werden die Werbungen mit der größeren Gewinnerwartung auf die anderen Plätze verteilt, welche wiederum besser vom Benutzer angenommen werden.

15
https://support.google.com/adsense/bin/answer.py?hl=de&answer=1354747&topic=1250106&ctx=topic Abgerufen am 29.11.2011

4   Fazit und Ausblick

Zusammenfassend lässt sich sagen, dass die Maßnahme erfolgreich war. Google AdSense im Header in Form eines Fullbanners kann eingespart werden, ohne dass für einen Webseitenbetreiber Umsatzeinbußen zu erwarten sind. Es hat sich gezeigt, dass sogar eine Umsatzsteigerung zu erwarten ist.

Wenn man diesen Werbeplatz dennoch nicht aufgeben möchte, besteht die Möglichkeit, diesen Werbeblock aufzulockern. Dafür kann man zwei Techniken nutzen [vgl. S.37 Comm, 2010.]. Zum einen den positiven Effekt von Bildern, welche neben der Werbung platziert werden, um die Besucher der Website zum Klicken zu animieren. Dieser Effekt ist auch Google durchaus bekannt und daher laut Google AdSense Richtlinien verboten. Um diese Vorgabe von Google zu umgehen, wird der Anzeigenplatz in zwei eigenständige Werbe-Elemente aufgeteilt. Dem einen Werbeblock weist man ausschließlich Bildwerbung zu und dem zweiten ausschließlich Text-Werbung. Dem Benutzer wird so der Eindruck vermittelt, dass das Bild zu den Links der Text-Werbung gehört [vgl. S.27 Comm, 2010.]. Für eine optimale Performance dieser Werbeblöcke, sollte die Platzierung laut der in Abbildung 1 genannten Hinweise erfolgen. Auf der zu optimierenden Website sollten daher die Banner im Header und in der Content-Section entsprechend dieser Methode umgebaut werden.

5   Literatur

Aden, T. (2009). Google Analytics. Implementieren Interpretieren Profitieren. München : Carl Hanser Verlag.

Anderson, A. (2009). Free – Kostenlos – Geschäftsmodelle für die Herausforderungen des Internets. Frankfurt am Main: Campus Verlag.

Comm, J. (2011). Adsense Secrets 5. What Google Never Told You About Making Money with Adsense. (5th ed.) Flying Monkey Media Inc.

Comm, J. (2010). Adsense Secrets 4. What Google Never Told You About Making Money with Adsense. (4th ed.) Flying Monkey Media Inc.

Pfabigan, F. (2008). Google AdSense Einnahmen steigern. Retrieved from http://seo-scout.org/geld-verdienen/google-adsense-einnahmen-steigern.html

Schumann, E. (2011). Geld verdienen mit der Homepage – Affiliate-Programme, Partnerprogramme, Tipps, Tricks, Fallen. Retrieved from http://www.tinto.de/geld/Geld_verdienen_mit_der_homepage.htm

Wirtz, B. W. (2001). Electronic Business. (2. Auflage) Wiesbaden: Gabler.